LOS DÍAS FELICES DE LOS GATITOS

Laura Matsuda

Copyright © 2024 por Laura Matsuda

ISBN: 978-1-965498-20-0

Traducido por: Martha Salazar de Soliz

Todos los derechos reservados. Ninguna parte de este libro puede ser reproducida o transmitida en cualquier forma o por cualquier medio, electrónico o mecánico, incluyendo fotocopia, grabación, o por cualquier sistema de almacenamiento y recuperación de información, sin permiso escrito del propietario de los derechos de autor.

Las opiniones expresadas en este trabajo son únicamente las del autor y no reflejan necesariamente las opiniones del editor, y el editor renuncia a cualquier responsabilidad por ellas.

Para solicitar copias adicionales de este libro, comuníquese con:

Proisle Publishing Services LLC
39-67 58th Street, 1st Floor Woodside
Nueva York, NY 11377, Estados Unidos
Teléfono: (+1 888-203-7688)
info@proislepublishing.com

PROISLE PUBLISHING
SERVICES LLC

"Los gatos dejan huellas en tu corazón, por siempre y para siempre"

-Autor desconocido

Los gatitos la pasaban muy bien jugando y explorando bajo el cálido sol.

Hacían tambalear las flores y perseguían mariposas. Esas mariposas parecían revolotear fuera de su alcance.

Estaban tan ocupados jugando y persiguiendo a las mariposas que no vieron al ratón salir de debajo de un arbusto. Corriendo a lo largo de la cerca, se fue contento de que los gatitos no lo vieran.

¡Los gatitos jugaban a perseguirse entre ellos e incluso perseguían sus propias colas!

¡Al aire libre era divertido!

Jugando así, los gatitos tenían sueño. Se acurrucaban en la entrada de atrás bajo el cálido sol de la tarde y ahí era donde mamá a menudo los encontraba.

Dormían tan profundamente que el susurro de las hojas en los árboles no los despertaba, y las hojas que caían flotaban suavemente.

Pronto los días se hicieron más frescos y comenzaron a estar más en el interior, encontrando nuevas formas de jugar.

¡Su curiosidad los metía en todo tipo de ravesuras!

¡O NO!

Un día, un gatito se escondió debajo de la ropa en la canasta, luego saltó y asustó al otro. Tiraron calcetines y toallas al suelo y rodaron dentro y sobre ellos.

¡Hacerse bromas el uno al otro era muy divertido!
Otro día, uno de ellos saltó directamente sobre el otro cuando estaba durmiendo.
¡Sorprendido, la persecución comenzó!

En otra ocasión, mamá los atrapó en su bolsa de tejer jugando con las madejas de lana.
¡Siempre estaban tan llenos de energía esos sinvergüenzas!
Tantos descubrimientos y cosas que los impulsaban a jugar.

La familia se reía mucho y disfrutaban de las travesuras de los gatitos.
¡Cualquier cosa que pudieran atrapar en sus patas, abalanzarse o jugar con algo, lo hacían!

También disfrutaban mirar por la ventana grande, ver caer la nieve y tomar siestas en la parte posterior del sofá.

Estaban a salvo, bien cuidados y amados.

Amaban a su familia y eran mejores amigos el uno del otro.

Ya que el invierno había llegado, los días y las noches eran más fríos, su lugar favorito era cerca de la chimenea, junto a Penny, la perrita de la familia, que los había alimentado y amado como a sus propios bebés. Muchas noches, la familia pasaba tiempo juntos en su sala de estar alrededor de la chimenea crepitante.

Papá a menudo leía, mamá tejía, y Aldo y Mara jugaban o hacían la tarea en la calidez del lugar. A esos gatitos les encantaba acurrucarse y envolverse junto a los niños para mantenerse calientes como solo a los gatitos les gusta hacerlo.

Una noche, papá se había quedado dormido mientras leía. Su cabeza descansaba sobre el respaldo de la silla y roncaba suavemente.

Mamá estaba muy feliz de que estuvieran todos juntos y suspiró con agradecimiento y satisfacción.

Ni un minuto después, papá de repente hizo...

un **GRAN...**

AAAHHHO

¡Todos se sobresaltaron!

¡Los gatitos saltaron de susto y corrieron!

Una saltó en el aire y luego bajó hundiendo los dedos en la alfombra y se alejó tan rápido como pudo.

El otro gatito se derrumbó, con el corazón agitado, sin saber lo que había sucedido. Corrió bajo la silla de mamá. Cuando vio que todo estaba bien, se acercó a Mara nuevamente. Penny, la perrita, miró a su alrededor, luego se acurrucó de nuevo.

Después de un minuto, la gatita que se había escapado, regresó lentamente a la sala de estar. Miró a su alrededor con mucho cuidado, vio que no había peligro, fue directamente hacia Aldo y se acurrucó.

Luego todos se rieron mucho. Mamá empezó a bromear por los gatitos que estaban muy asustados. Todos se rieron por lo que había sucedido. Los niños abrazaron fuerte a los gatitos.

Entonces pensaron que un chocolate caliente estaría muy bien para el momento. Mamá y Aldo lo trajeron, caliente y humeante. Bebiéndolo con cuidado, aún se reían de los gatitos asustadizos y el gran estornudo de papá.

¡Qué tiempo tan divertido en familia!

Más tarde, a la hora de acostarse, Aldo y Mara fueron a decir: "buenas noches" a sus padres y ellos dijeron: "Iremos en unos minutos para arroparlos".

Los gatitos acompañaron a los niños.

Cuando papá y mamá subieron al cuarto, los niños y los gatitos estaban dormidos.

"Realmente extrañarán a los gatitos", dijo papá. "Sí, los extrañaran y yo también", dijo mamá, "aunque sé que tienen que ir a nuevos hogares. Necesitamos hablar con los niños sobre nuevos hogares y familias para los gatitos".

"Hablemos sobre eso por la mañana después del desayuno".

A la mañana siguiente, los niños se despertaron y pudieron oler que cocinaban salchichas y panqueques.

"¡Oh, Delicioso!" Mara y Aldo decían mientras corrían hacia la mesa, los gatitos corrieron hacia la mesa. ¡Ellos también podían olerlo!

Mmmm, ñam, ñam, ¡delicioso!

Fue un desayuno delicioso. Mientras comían, papá comenzó a hablar sobre los gatitos y la necesidad de encontrarles buenos hogares.

"Oh papá, ¿no podemos quedárnoslos?" Preguntó Aldo. "Nosotros los cuidaríamos".

"No, no podemos quedárnoslos, Aldo".

"Fue muy bueno que los trajeran a casa del parque. Y Penny que cuidó de ellos fue maravillosa. La forma en que juegan entre ellos y con ustedes, niños, es muy divertida, son tiernos y dulces. Mamá y yo también los hemos disfrutado mucho".

Hemos sido su familia adoptiva transitoria y eso significa que los cuidamos hasta que tengan sus hogares permanentes. Es hora de que se vayan ahora. ¡Solo piensa en lo que se divertirán otras dos familias con ellos!"

Mara preguntó: "¿Cómo encontraremos nuevos hogares para ellos donde los amen y les guste jugar con ellos?"

"Bueno", dijo mamá, "veamos qué se nos ocurre".

Todos se quedaron callados por unos minutos, y luego las ideas comenzaron a llegar.

Aldo dijo: "Podríamos decírselo a los niños en la escuela y a los maestros". "Sí, esa es una buena idea", dijo mamá.

Ella dijo que llamaría a algunas personas de su grupo de damas también. Y papá dijo que se lo haría saber a la gente en el trabajo.

"Oh, tengo una idea", dijo Mara. "Podríamos hacer algunos afiches para poner alrededor. Vi algunos antes".

"Está bien", dijo papá. "Ese es un muy buen comienzo. ¡Hagámoslo y consigamos que cada uno de estos gatitos tenga un buen hogar!"

Todos se pusieron a trabajar e hicieron algunos carteles y dijeron que hablarían con sus amigos también. Papá les ayudó a poner los carteles para que la gente los viera.

¡Estaban listos! ¡El plan estaba en marcha!

Más tarde, mamá hizo algunas llamadas. Al día siguiente, papá avisó a la gente en el trabajo. Aldo y Mara hablaron con sus amigos en la escuela. Y todos esperaron ansiosamente.

A la tarde siguiente, el teléfono sonó.

Mamá respondió. Alguien quería un gatito. Emocionados esperaron y cuando ella colgó el teléfono dijo que una mujer vendría al día siguiente por la mañana. Se escuchó otra llamada. Más preguntas por responder. Alguien más vendría a ver a los gatitos a la hora del almuerzo.

Los niños apenas pudieron conciliar el sueño esa noche. Se despertaron a la mañana siguiente con un día fresco y soleado. ¡Se levantaron rápidamente y se prepararon para recibir a la gente que vendría!

Pronto sonó el timbre de la puerta y Aldo corrió a responder.

Una mujer entró empujando a su hija en una silla de ruedas. Después de hablar un rato, mamá le pidió a Mara que trajera al gatito.

Ella le entregó el gatito a la niña y él se acurrucó mientras ella lo acariciaba. Estaba feliz y Mara podía decir que la niña también estaba feliz y que lo amaría. El gatito sería un buen amigo para ella.

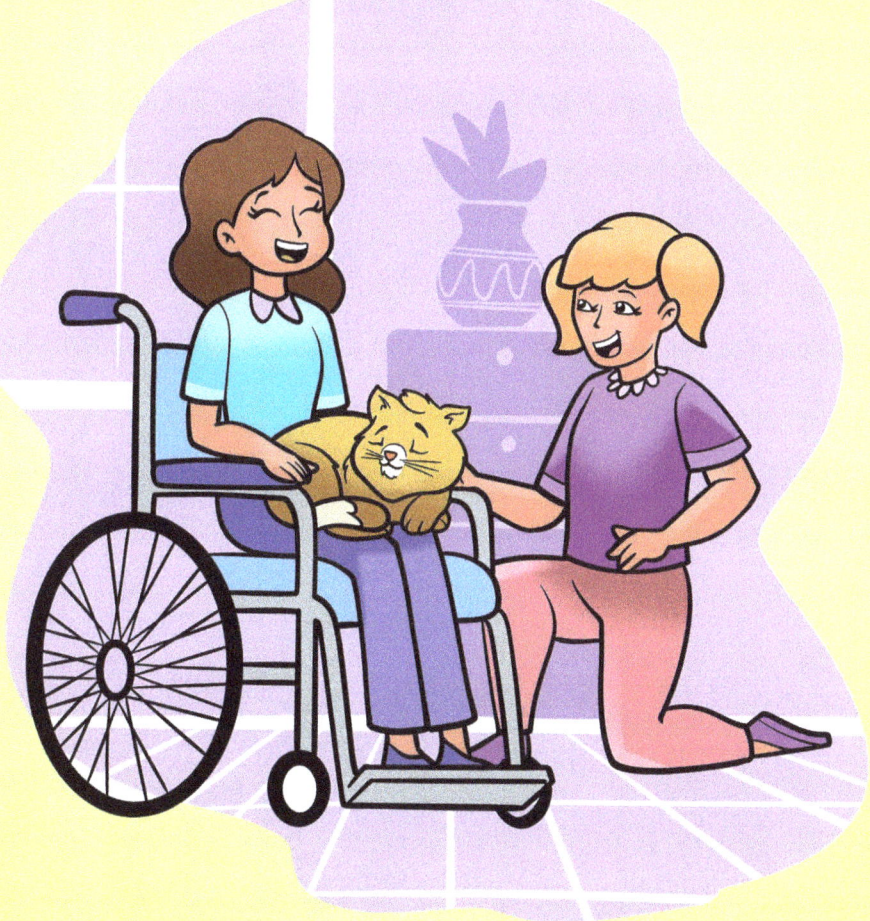

Justo entonces volvió a sonar el timbre.

Esta vez un hombre vino a conseguir un gatito. Quería dárselo a su hijo para Navidad. Era un hombre muy amable y gentil y cuando Aldo le entregó la gatita, él le habló, le miró y la sostuvo cerca.

Hizo feliz a Aldo ver a la gatita acurrucada en sus brazos y ronroneando.

Entonces, estaba hecho.

Las familias amaron a los gatitos de inmediato y prometieron que los cuidarían bien.

¡Los niños decidieron que serían amigos!

Agarraron sus abrigos y bufandas, se dieron un último abrazo, hubo más agradecimientos, y se fueron a sus autos.

Todos se despidieron y luego se fueron.

De vuelta en la cálida casa, simplemente se sentaron y hablaron, primero un poco tristes, luego recordaron toda la diversión que tuvieron con esos gatitos, y por supuesto, el aterrador y **gracioso estornudo** de papá.

Estaban muy contentos de que los gatitos fueran a hogares con personas que los amarían y cuidarían.

Mara se quedó callada durante unos minutos.

Estaba pensando, recordando cuando ella y Aldo encontraron a los gatitos.

Ella dijo: "Estoy muy contenta de haber encontrado a los gatitos y haberlos traído a casa".
"Simplemente no podíamos dejarlos en el parque", dijo Aldo,
"Realmente necesitaban nuestra ayuda".

"Y qué regalo fueron para nosotros", dijo mamá.

Papá estuvo de acuerdo.

"¡Ahora hemos pasado el regalo a otros!"

Mis agradecimientos a Julián,
extraordinario ilustrador,

a mi sobrina, Martha
por traducir el libro

Ya mi nieta Lila,
quien compartió: "Abuela, simplemente me encantan los "gatitos,"

Datos divertidos sobre gatos para niños

from Traverse Mountain Pet Care
Lehi, UT

- Los gatos pueden saltar 5 veces su propia altura.

- Un gato doméstico puede correr hasta aproximadamente 30 m. p/h en distancias cortas.

- Los gatos machos tienden a ser de patas izquierdas, mientras que las gatas, de patas derechas.

- Los gatos tienen 32 músculos en cada oído, lo que les permite girar sus oídos para escuchar mejor.

- Los bigotes están conectados en el cuerpo del gato al músculo y al cerebro. Los gatos tienen bigotes en la cara y también en la parte posterior de sus patas delanteras. Actúan como un "radar para gatitos".

- Definitivamente, Abraham Lincoln amaba a los gatos, y jugaba con ellos durante horas. Tuvo varios atos mientras vivía en la Casa Blanca.

- Un grupo de gatitos se llama comúnmente camada.

- Los gatos generalmente duermen un promedio de 15 horas POR día.

- El gato mascota más pesado registrado es de 21.297 kilogramos (46 1b 15.2 oz).

- En promedio, los gatos viven alrededor de 12 a 15 años.

- Los gatos pasan una gran cantidad de tiempo lamiendo su cuerpo para mantenerse limpios.

- ¡El gato más viejo de todos los tiempos es Creme Puff que vivió unos increíbles 38 años y 3 días!

¡PREGUNTAS para ti!

¿Qué parte de la historia te gustó más?
¿Cuáles fueron tus fotos favoritas?
¿Tienes un(a) gatito(a) en tu familia?
¿Cuál es un buen nombre para un(a) gatito(a)?
¿Qué aprendiste sobre gatitos o gatos?

Este es un espacio para dibujar un gatito, y/o puedes usar otro papel.

 **Sobre El Autor**

He tenido el privilegio de vivir en una granja o rancho los primeros años de mi vida. La ganadería es un trabajo uro y desarrolla fortaleza y determinación en una persona.

¡Tantas alegrías y momentos destacables! Maravillosa primavera, nueva vida, bebés de todo tipo. Siembra de nuevos cultivos, preparación de maquinaria para la temporada. Luces bajas, pérdida de ganado, fuego o un año pobre para los cultivos.

El matrimonio (Jim) y la familia (cinco hijos y ahora 20 nietos) trajeron más oportunidades para traer cada pedacito de habilidad y resistencia a flote. Estos niños, ahora adultos, se dan tiempo para salir de la ciudad y regresar a casa, al Caribú, con sus hijos, el lugar donde el drama de la vida se desarrolló para nosotros y nacieron estas historias.

Más tarde, en el Instituto de Justicia de B.C. recibí la Certificación en Resolución de Conflictos. Luego, trabajé con familias, ofreciendo Mediación de Protección Familiar e Infantil, y facilité grupos para hombres en Familia Programas de violencia. Todo un trabajo gratificante y mi favorito.

Al juntar todo, las historias comenzaron a formarse dentro de mí y muchas llegaron al papel. Disfrútalos.

¡Son para ti!

Con amor, Laura

www.ingramcontent.com/pod-product-compliance
Lightning Source LLC
LaVergne TN
LVHW050138080526
838202LV00061B/6529